Das Buch

Mit sechzehn Jahren beginnt Sadbera ihr Tagebuch, das sie liebevoll »Mimi« nennt. Sie schreibt in Italienisch, damit niemand ihre intimsten Gedanken und Gefühle lesen kann. Sadbera erzählt von Discobesuchen mit Freunden, vom ersten Sich-Verlieben, vom Streit mit der besten Freundin, von Sommerferien am Meer. Wie Millionen andere Mädchen schwärmt Sadbera für Leonardo Di Caprio. Doch das Leben in ihrer Heimatstadt Priština ist geprägt von starken Konflikten zwischen der serbischen und der albanischen Bevölkerung. Sadbera beschreibt den Haß und die Demütigungen der Serben. Dann aber erfährt Sadbera auch von Massakern und Vergewaltigungen. Sie muß zusehen, wie die Miliz Geschäfte in Brand steckt und Häuser verwüstet. Um sie herum verschwinden spurlos Bekannte, Freunde, Familienmitglieder. Schließlich interveniert die Nato. Nacht für Nacht fallen Bomben. Am 31. März 1999, »nach neun Tagen unter Bomben im Keller kamen serbische Polizisten mit Masken vor dem Gesicht in unser Haus und sagten, wir müßten fort, wenn wir nicht sterben wollten ...«

Die Familie flüchtet. Das einzige, was Sadbera mitnehmen kann, ist ihr Tagebuch. *Vertrieben* sind die schlicht und unmittelbar geschriebenen Erfahrungen eines Mädchens in einem schrecklichen Krieg, der sie ängstigt, der sie wütend und traurig macht und der ihre Jugend schlagartig beendet. Es ist auch das ergreifende Zeugnis eines Mädchens, das die Hoffnung nicht aufgibt.

Die Autorin

Sadbera Gashi wurde am 4. August 1980 in Priština, Kosovo, geboren. Bis zu ihrer Vertreibung im März 1999 lebte Sadbera mit ihren Eltern und den vier Geschwistern in Priština; zur Zeit hält sich die Familie in Albanien auf.

SADBERA GASHI

Vertrieben
Sadberas Tagebuch

Ein Mädchen erlebt den Krieg im Kosovo

Aus dem Italienischen von Sylvia Antz

WILHELM HEYNE VERLAG
MÜNCHEN

HEYNE ALLGEMEINE REIHE
Nr. 01/13107

DANKSAGUNG
Ich bedanke mich bei Ilenja Mehilli
für ihre Beratung.

Die Originalausgabe
VIA DALLA MIA TERRA
erschien 1999 bei Arnoldo Mondadori Editore S.p.A., Mailand

Umwelthinweis:
Dieses Buch wurde auf chlor-
und säurefreiem Papier gedruckt.

Redaktion: Birgit Groll

Deutsche Erstausgabe 8/99

Printed in Germany 1999
Umschlagillustration: Pino Mastrullo
Umschlaggestaltung: Nele Schütz Design, München
Satz: GRAMMA GMBH, München
Druck und Bindung: Ebner, Ulm

ISBN 3-453-16292-7

http://www.heyne.de

Sadbera hat die gleichen kleinen und großen Träume, die gleichen Leidenschaften und Sorgen wie italienische, französische, serbische und amerikanische Mädchen in ihrem Alter auch: die Flirts und Enttäuschungen der Jugendlichen, die Abende in der Disco, die leidenschaftliche Schwärmerei für Leonardo Di Caprio, die Ferien am Meer, Streitereien in der Familie, Eifersüchteleien, dicke Freundschaften und unwiderrufliche Antipathien. Doch Sadbera ist im Kosovo geboren und in Priština aufgewachsen, bis die Polizei ihres Landes eines Tages an die Tür klopfte und sie und ihre Familie, wie auch Hunderttausende andere Jungen, Mädchen, Männer und Frauen aufforderte, alles stehen- und liegenzulassen und fortzugehen, weil ihre Volkszugehörigkeit, albanisch, und ihre Religion, mohammedanisch, in diesem Land nicht mehr geduldet wurden. Auch wenn dieses Land zu neunzig Prozent von Albanern islamischen Glaubens bewohnt wird.

Schon lange bevor Sadbera den Krieg kennenlernte, hat sie Rassenhaß und Rassentrennung gesehen und erfahren. Und sie hat gelernt, damit zu leben, auch wenn sie sich nie erklären konnte, warum sie andere Schulen besuchen mußte als die Slawen und keine serbischen Freunde haben durfte. Sie hatte von Massenmorden und verschwundenen Menschen gehört, von Frauen, die von Soldaten vergewaltigt wurden, und um eine Intervention der Nato gebetet.

Sie sah Freunde und Familienangehörige im Nichts verschwinden. Sah gepeinigte Körper, die Verzweiflung eines deportierten Volkes, die Gesichter des Leids und der Angst. In dem Wahnsinn des Exodus hat Sadbera alles verloren: ihr Zuhause, ihre beste Freundin, den Jungen, in den sie sich verliebt hatte, eine Tante und alle Männer und Frauen, die auf die eine oder andere Weise in ihr Leben getreten waren. Wie durch ein Wunder hat sie ihre Eltern in Albanien wiedergefunden, nach drei Tagen der Angst und des Schweigens. Aber dies ist vielleicht der einzige Trost in einer Tragödie, die erst am Anfang zu stehen scheint.

Widerwillig hat Sadbera sich an den Hohn der serbischen Jungen und die Absurdität eines gespaltenen Landes gewöhnt, aber die Unbeschwertheit ihrer achtzehn Jahre zerbrach, vielleicht für immer, als der Krieg plötzlich in ihr Leben trat. Und genau das liest man zwischen den Zeilen ihres Tagebuchs, das sie mit sechzehn Jahren begonnen und auch während der Bombardements weitergeschrieben hat; das sie mitnahm, als sie fliehen mußte, und dem sie sich wieder anvertraute, als sie in einem Flüchtlingslager des Roten Kreuzes und des italienischen Zivilschutzes in Albanien Aufnahme fand. Es beschreibt den langsamen aber unausweichlichen Übergang von einer Jugend voll manchmal entwaffnender Naivität, die durch die kleinen Dinge des Lebens bestimmt wurde, zu den Schrecken des Blutes, der Bomben, der Deportation und der Entwurzelung aus der Heimat.

Sadbera hat ihr Tagebuch in italienischer Sprache geschrieben, ihrer geheimen Sprache. Unverständlich sowohl für die Eltern, die kein Italienisch sprechen und so ihre intimsten Geständnisse nicht hätten lesen können, als auch für die Serben, die keinen Zugang zu ihren Gedanken und Gefühlen hätten haben können. Sadbera kann Italienisch, weil man in Priština, wie in einem Großteil der Balkanländer, italienisches Fernsehen empfangen kann. Und weil sie vor ein paar Jahren ihren Onkel Hysen besucht hat, der eine Italienerin, Antonella, geheiratet hatte und in ein Dorf ein paar Kilometer vor Mailand gezogen war. Ganz abgesehen davon, daß eine andere Tante, Nexha, eine Schwester ihres Vaters, ebenfalls in Italien in einem Dorf in Kalabrien lebte. Sadbera spricht flüssiges, gutes Italienisch, was schon bald von den freiwilligen Helfern im Flüchtlingslager von Kavaje entdeckt wurde, die sie fragten, ob sie nicht mit ihnen zusammenarbeiten wolle, um Hunderten von Kosovo-Albanern eine Stimme zu geben, die wie sie das Drama der Flüchtlinge erleben mußten, aber im Unterscheid zu ihr die Sprache derer nicht sprechen, die ihnen als erste geholfen haben. Was wir auf den Seiten ihres Tagebuchs finden, ist ein einfaches, sich auf das Wesentliche beschränkendes Italienisch, mit ein paar Rechtschreib- und Grammatikfehlern (die bei der Endfassung des Buches korrigiert wurden, um die Lektüre angenehmer zu machen), das jedoch besser als jede literarische Erzählung geeignet ist, um den Krieg zu schildern und die Fakten, Gefühle, Ängste und Hoffnungen eines Mädchens ihres Alters zu vermitteln.

Indem Sadbera die Sendungen der RAI verfolgte, ein paar Bücher wie den *Pinocchio* von Collodi las und jeweils alle neuen Wörter, auf die sie stieß, in ein Heft schrieb, lernte sie die Sprache immer besser, die sie ihren italienischen Idolen näherbrachte.

Fernsehstars wie Ambra und und Jovanotti, Sängern wie Eros Ramazzotti und Laura Pausini, Fußballern wie Roberto Baggio. Idole, die Tage und Monate von Sadberas Tagebuch bestimmen und von denen die leicht vergilbten Zeitungsausschnitte zwischen den Seiten handeln. Ein Tagebuch, das Sadbera in Italien gekauft und von dem sie sich niemals getrennt hat, nicht einmal, als der Krieg ihr Leben für immer veränderte.

– Vertrieben –

KAVAJE (Durazzo)
16. April 1999

Ich heiße Sadbera, aber hier im Lager nennen sie mich Lisa. Dauernd singt mir jemand das Lied *Lisa dagli occhi blu* vor, auch wenn ich keine blauen Augen habe. Sie necken mich, weil ich klein bin und nicht wie achtzehn aussehe. Aber ich weiß, daß sie mich gern haben. Die Italiener waren die ersten, die uns geholfen haben. Die einzigen, die uns wirklich geholfen haben. Pino, Elisabetta und all die anderen.

Ich habe kein Zuhause mehr. Ich weiß nicht, wo meine Freunde sind, ich weiß nicht, wo Shpresa ist, meine beste Freundin: Ihr Name bedeutet Hoffnung in unserer Sprache. Wir haben keine Nachricht mehr von meiner Tante.

In Priština wohnte ich im albanischen Viertel, in Kodra und Trimav. Vor dem Krieg besuchte ich eine berufsbildende Schule für Wirtschaft, eine Privatschule, nur für Albaner, weil sie uns nicht in ihren Schulen wollten. Mir fehlte nur noch ein Jahr. Mein Vater arbeitete als Vertreter in einer Polstermöbelfabrik, aber die Serben nahmen ihm die Stelle weg, weil er Albaner ist. Zum Glück hat mein Onkel in Italien uns geholfen. Bei den Slawen konnten wir nicht bleiben. Ich hatte viele Serben kennengelernt, aber sie konnten keine Freunde sein, und vielleicht wollten auch wir das nicht einmal. Wir waren wie zwei verschiedene Völker. Wir können Serbisch, aber wir sprechen es nicht. Sie nennen uns *shiptari*, wir nennen sie *shkie.* Wir hatten immer Angst, abends allein weg und wieder nach Hause zu gehen. Aber die größte Angst hatten wir, als vor einem Jahr die Nachricht von den Massakern in Drenica eintraf. Wir begriffen, daß der Krieg gegen uns begonnen hatte.

Dann schickten sie viele Albaner von der Arbeit nach Hause. Die Serben verbrannten unsere Geschäfte. Wir gingen nicht mehr zur Schule. Sie sagten uns, es sei gefährlich. Immer wieder hörten wir Schüsse in der Nähe. Dann sind Freunde aus Priština verschwunden, wir wußten nicht, wohin sie gebracht wurden. Ich schrieb in mein Tagebuch über unsere Proteste, die Demonstrationen und Massaker. Aber ständig hatte ich Angst, daß sie es entdeckten. Zu Hause redeten sie über die Vorkommnisse und sehnten ein Eingreifen der Nato herbei. Wir dachten nicht, daß all das passieren würde.

Die Serben sagen, wir sind anders, weil sie orthodox und wir Mohammedaner sind. Ich glaube an Gott, aber ich bete nicht immer. Ich bin nicht so religiös. In Wirklichkeit wollen die Serben die Bergwerke für sich allein, weil sie der einzige Reichtum des Kosovo sind. Noch vor ein paar Jahren war es nicht so, aber dann begannen auch die serbischen Jungen, Schimpfwörter hinter uns her zu rufen, uns auf der Straße anzuhalten und zu lachen, wenn sie uns vorbeigehen sahen. Und wir wußten, daß alle Serben in meinem Alter Waffen zu Hause hatten. Und doch verstand ich nicht, warum sie uns so haßten. Auch sie können unsere Sprache, aber sie sprechen sie nie. Einmal war ich auch in Belgrad, es schien mir nicht sehr viel anders als Priština. Mein Vater hatte einen serbischen Freund. Einen, der Albanisch mit uns sprach, auch in den schwierigsten Tagen.

Die Häuser, die als erstes von den Serben leer gemacht und niedergebrannt wurden, gehörten Kosovaren, die OSZE-Truppen aufgenommen und den Männern der UÇK geholfen hatten, die immer für unsere Freiheit gekämpft haben.

Trotz alledem war mein Vater froh und optimistisch, als die Bombardements der Nato begannen. Er sagte immer: Wir gewinnen, wir gewinnen. Er machte sich keine Sorgen. Doch unser Leben hatte sich verändert. Die verlassenen Straßen, leeren Kaffeehäuser und verbrannten Häuser machten mich sehr traurig. Von abends sieben bis nachts um drei versteckten wir uns im Keller. Es heulten keine Sirenen, weil die Serben wollten, daß wir ums Leben kamen, aber wir wußten, daß man in dieser Zeit nicht oben im Haus bleiben durfte. Und so erfanden wir ein neues Leben unter der Erde. Mir gefiel es, heimlich zu schreiben, im Schein einer Kerze.

Während draußen die Häuser brannten und die Leute starben, haben meine Freundin und ich eine Frau, die im Keller ihr Kind zur Welt brachte, und das weinende Neugeborene auf einer Kassette aufgenommen. Das schienen mir zwei so weit voneinander entfernte Dinge, das Leben und der Tod. Und doch waren sie so nah. Dann hörte ich Radio über meinen Walkman. Wenn ich die serbischen Nachrichten hörte, drehte ich schnell weiter und übersetzte alle Nachrichten der italienischen Sender. Wir waren viele im Keller, alle aus dem Haus. Eines Abends kam auch ein Elternpaar zu uns, das wir nicht kannten. Die Serben hatten ihre drei Kinder mitgenommen, weil es Jungen waren. Sie waren ganz still. Sagten kein Wort. Und wir wußten nicht, wie wir ihnen helfen sollten. Und doch fühlten wir uns im Keller alle vereint. Hin und wieder gelang es mir zu schlafen, weil ich wußte, daß die anderen wach waren und mich beschützen konnten. In jenen Tagen habe ich sehr abgenommen. Es gab wenig zu essen, wir hatten nur Kartoffeln und Bohnen. Es gab kein Brot und auch nicht immer Wasser aus der Leitung.

Eines Abends war ich in die Küche zurückgegangen, um etwas zu essen zu holen, als ich durch das Fenster einen serbischen Soldaten erblickte. Mir wurde eiskalt, und ich blieb reglos unter dem Tisch sitzen. Ich hatte Angst, er würde hereinkommen und mich umbringen. Zum Glück ging er dann weg, und ich rannte in den Keller.

Wir fühlten uns machtlos. Voller Zorn, nichts tun zu können; wir mußten stillhalten und basta. Damals, 1998, bei den Ereignissen von Drenica, war das anders. Da konnten wir zu vielen auf den Platz gehen und protestieren. Sie setzten Tränengas gegen uns ein und Wasserwerfer. Eine Frau wurde von der Polizei überfahren und fiel ins Koma. Es schien, als könnten wir etwas tun: Die Schulen öffneten dann wieder. Aber das war nur eine Illusion, weil der Krieg kam.

Am 31. März, nach neun Tagen unter Bomben im Keller kamen serbische Polizisten und Soldaten mit Masken vor den Gesichtern in unser Haus und sagten, wir müßten fort, wenn wir nicht sterben wollten. Sie schossen ganz oft, um uns Angst zu machen. Mein Vater wollte das Auto nehmen, um meine kleineren Geschwister wegzubringen. Aber sie haben tausend Mark von ihm verlangt. Mein Vater sagte, er hätte nicht soviel. Da haben sie ihn zu zweit gepackt, mit einer Pistole auf seinen Kopf gezielt und ihm ein Messer an den Hals gehalten. Da sagte er zu meiner Mutter, sie solle alles holen, was wir haben, und es den Serben geben. Da haben sie ihn gehen lassen. Wir waren mehr als hundert Leute in unserem Haus: Wir sind alle weggekommen. Nur ein Mann mit nur einem Bein, der neben uns wohnte, wollte bleiben. Wo er heute ist, weiß ich nicht.

Ich habe nur mein Tagebuch mitgenommen. Ich hatte angefangen, es in italienischer Sprache zu schreiben, weil meine Eltern es nicht lesen sollten, aber so konnten es auch die Serben nicht lesen. Sie zielten mit den Waffen auf uns und sagten meinem Vater, er solle gehen. Wir haben uns getrennt: Ich ging mit meiner Kusine, weil im Auto kein Platz mehr war, meine Eltern mit meinen beiden kleineren Brüdern und meinen beiden Schwestern: Havushi, die 21 ist, Bajram, 16, Majlinda, 14, und Bessart (den wir Benito rufen), der 10 Jahre alt ist. Auch in den Zügen fanden wir keinen Platz, und so fuhren wir mit einem Bus. Wir waren zusammengepfercht wie in einer Konservenbüchse und wußten nicht einmal, wohin wir fuhren. Nach vielen Stunden kamen wir an die Grenze zu Mazedonien, dort mußten wir aussteigen. Aber die Wachen verlangten hundert Mark, nur um den Schlagbaum zu öffnen und uns durchzulassen. Zum Glück hatte meine Kusine Geld versteckt: Wir haben ihnen alles gegeben, was wir hatten. Dann kamen wir nach Tetova und warteten auf

Papa, Mama und meine Geschwister. Wir haben einen Tag gewartet, zwei Tage, drei Tage. Ich dachte schon, ich würde sie nie mehr wiedersehen. Doch nach drei Tagen sind sie angekommen. Ich wußte nicht, wie ich Gott dafür danken sollte.

Von Tetova sind wir alle zusammen nach Albanien gefahren. An der Grenze verlangten die Albaner wieder Geld, um uns durchzulassen. Sie sind Albaner, wie wir Kosovaren, aber ich traue ihnen nicht. Sie verlangen auch Geld dafür, daß sie uns in ihren Häusern beherbergen. Soviel Geld, das wir gar nicht haben können. Sie mögen uns nicht, und wir trauen ihnen nicht.

In Durazzo sagten sie uns, wir sollten nach Kavaje in das italienische Flüchtlingslager gehen. Als wir ankamen, stand schon eine lange Schlange vor dem Eingang. Es regnete, da waren barfüßige Kinder, Verletzte. Zum Glück spreche ich Italienisch: Ich begann denen zu helfen, die sich im Lager registrieren lassen mußten. Für die ersten Tage richteten wir uns in einem Zelt ein, dann fanden meine Eltern eine albanische Familie, die uns fünf Minuten vom Lager entfernt Unterkunft bot. Sie verlangten nichts von uns, weil sie auch Verwandte im Kosovo haben. Wir sind zu neunt in zwei Zimmern: Papa, Mama, meine Brüder, meine Schwestern, meine Oma und meine Tante. Doch ich arbeite weiter im Lager. Jeden Morgen stehe ich um sieben auf und arbeite bis elf Uhr abends. Ich bin froh, meinen Leuten zu helfen, auch wenn mir manchmal die Tränen kommen und ich mein Gesicht verbergen muß, wenn ich sehe, wie sie still Schlange stehen und warten, bis sie etwas zu essen bekommen.

Zuerst habe ich in der Küche geholfen, dann begannen sie, mich zu rufen, um zu dolmetschen und die Ärzte bei den Untersuchungen zu begleiten. Dort habe ich schreckliche Dinge gesehen. Ein Mädchen war von vier Leuten zusammengeschlagen und vergewaltigt worden, aber sie wollte nicht sagen, wer es gewesen war. Sie wollte gar nichts sagen, hatte ganz erschrockene Augen. Ein Kind, das schon krank war, ist hier im Lager gestorben. Gestern kam ein LKW aus Montenegro in Kavaje an, der so mit Flüchtlingen vollgestopft war, daß eine Frau tot schien. Zum Glück war sie nur ohnmächtig. Ich habe Jungen gesehen, die nur noch einen Arm oder ein Bein hatten, aber sie beklagten sich nicht.

Eines Tages geschah etwas Entsetzliches: Ein Albaner in Rotkreuzuniform tauchte auf und sprach mit den Müttern im Lager. Er sagte ihnen, sie sollten ihm ihre kleinen Kinder überlassen. Dann ist er mit ihnen ins Auto gestiegen und weggefahren. Seitdem hat man nichts mehr von ihnen gehört. Die Mütter sind verzweifelt, und die albanische Polizei sucht nach dem Mann. Im Lager heißt es, daß die Kinder weggebracht wurden, um sie zu verkaufen oder mit Motorbooten nach Italien zu schicken. Wenn das stimmt, sollen die Leute, die das getan haben, ins Gefängnis gesteckt werden und nie mehr herauskommen.

Nachts kann ich oft nicht schlafen, ich habe Alpträume. Die Bombennächte sind schuld daran, daß ich nicht mehr schlafen kann. Mitten in der Nacht wache ich auf und muß an den Jungen denken, dem sie die Splitter aus dem Arm operiert haben, an die leidenden Menschen, die behinderten Kinder im

Lager, die Frau, die ihren Sohn und ihren Mann im Kosovo zurücklassen mußte und nicht weiß, was aus ihnen geworden ist. Weinen ist vielleicht das einzige, was mich befreit, aber nur, wenn ich allein bin.

Eines Abends im Lager habe ich italienisches Fernsehen geschaut. Da war die Frau von Milošević. Sie sagte, im Kosovo gäbe es keinen Krieg, weil die Albaner Brüder sind. Ich konnte sie mir nicht ansehen. Schlimme Wörter kamen mir in den Sinn: Lügnerin, Idiotin, Hure. Ich bin so wütend geworden, daß ich es gar nicht sagen kann. Die lassen uns einfach liegen und rollen über uns hinweg. Und Arkan, der Chef der Serbischen Tiger, der behauptet, er wäre nicht im Kosovo. Aber seine Männer sind da und bringen uns um. Und dann die Zigeuner, die immer auf der Seite des Siegers stehen und jetzt auf der Seite der Serben, um unsere Häuser zu plündern.

Ich wäre gern auf die Universität gegangen und Anwältin geworden. Oder Schauspielerin. In Priština bin ich oft ins Theater gegangen und habe viele Stücke gesehen, das schönste hieß *Maturantet* und handelte von der Schule und von Schülern in meinem Alter. Ich liebte es zu rezitieren und Schauspieler kennenzulernen, wie Adriana, meine Lieblingsschauspielerin, die sie wie einen Hund auf der Straße erschossen haben.

Jetzt hoffe ich, ein paar Monate nach Italien zu kommen, aber dort bleiben will ich nicht, ich will nach Priština zurückkehren, in unser Haus. Ich habe mein Herz dort gelassen, auch wenn es die Stadt nicht mehr gibt. Wir müssen erst alles wiederaufbauen. Wenn ich darüber nachdenke, so ist eigentlich alles, was ich will, weiterzuleben, frei zu sein, in Frieden zu schlafen und meine Freunde wiederzufinden. Ich weiß nicht, wann dieser Krieg vorbei sein wird, aber ich hoffe, Milošević wird von seinen Leuten umgebracht. Ich weiß, daß der Weltkrieg und die ermordeten Juden eine schreckliche Tragödie waren, aber dieser Krieg im Kosovo erscheint mir noch schlimmer.

Dieses Tagebuch wollte ich eigentlich nur für mich und Mimi schreiben. Mein geheimes Tagebuch. Aber jetzt denke ich, daß es so vielen Leuten begreiflich machen kann, was mit mir und so vielen anderen aus meiner Heimat geschehen ist.

VORNAME
Sadbera

NAME
Gashi

ANSCHRIFT
RR. Cernaleves n. 127/85
38000 Prishtinë
Kosovë ex Iugoslavia

SCHULE
Ekonomi komercial

November 1996

1. November

Liebes Tagebuch, ab heute werde ich alles aufschreiben, was in meinem Leben geschieht! Du wirst ein bißchen so etwas wie meine beste Freundin sein. Also finde ich, du solltest wissen, wer ich bin. Ich bin 16 Jahre alt, außer Papa und Mama habe ich zwei Schwestern, Havushi, 19 und Majlinda, 12, und zwei Brüder, Bajram, 14, und Bessart, 8. In dich, liebes Tagebuch, will ich all meine Geheimnisse und Gefühle schreiben, all die Dinge, die mir passieren, und auch das, was ich niemandem sagen würde. Wenn andere dabei sind, bin ich lustig und lebhaft, aber in mir drin gibt es so vieles, was mir zu denken gibt und mich manchmal traurig macht.

10. November

Liebes Tagebuch, heute habe ich mir überlegt, dir einen Namen zu geben, dann kommt es mir vor, als würde ich mit einem echten Menschen sprechen, und außerdem bist du meine beste Freundin. Ich habe auch andere Freundinnen, zum Beispiel Shpresa, meine beste Freundin. Sie ist sehr nett und wir machen eine ganze Menge zusammen, aber nur du kennst meine Geheimnisse. Also, was hältst du von: Pipa, Lola, Magy, Mimi? Mir gefällt Mimi am besten, ab heute werde ich dich Mimi nennen. Herzlichen Glückwunsch. Jetzt muß ich dich allein lassen, aber eins will ich dir noch sagen, ich hab' dich lieb, Mimi. Tschüs.

29. November

Liebe Mimi, endlich ist der Tag gekommen, auf den ich schon einen Monat lang warte. Ich habe das Geld abgeholt, das ich mir verdient habe. Es ist nicht viel, aber mir reicht es. Ab und zu arbeite ich in einem Geschäft in der Nähe unseres Hauses. Es ist keine schwere Arbeit, aber es kommen viele Leute herein, und es macht mir Spaß, mit ihnen zu reden. Meinen Vater kann ich nicht um Geld bitten, weil unsere Familie so groß ist. So kann ich mir kaufen, was mir gefällt, etwas zum Anziehen, eine Haarspange, oder ich kann ins Kino oder ins Theater gehen, das ist meine Leidenschaft. Liebe Mimi, ich muß Schluß machen, weil ich lernen muß. Tschüs.

Dezember 1996

12. Dezember

Liebe Mimi, heute haben wir den Weihnachtsbaum gekauft. Es ist schön, wenn Weihnachten näher kommt, es ist so eine fröhliche Stimmung. Aber für uns ist es nicht ganz so schön, weil nicht die ganze Familie zum Fest da sein wird. Mein Onkel und meine Tanten fehlen, sie wohnen zu weit weg, in Italien, aber ich hoffe, daß wir uns nächstes Jahr alle treffen, das wünsche ich mir so sehr. Auch du, Mimi, die du meine beste Freundin bist, du wirst Weihnachten bei uns sein, ich schreibe dir dann, wie es war. Jetzt muß ich mich verabschieden. Alles Liebe, deine Freundin Sadbera. Tschüs, meine süße Mimi.

13. Dezember

Ich liebe dich in der Nacht,
Ich liebe dich am Tag,
Aber am meisten,
Wenn ich traurig bin.

In der Schule bin ich dir begegnet
Und ich habe dich geliebt
Meine Freundin hat mich zurückgehalten
Und von dir weggebracht.

Warum mußt du eine andere lieben,
Warum mußt du sie streicheln,
Wenn dir meine Liebe
Für immer gehört.

Komm, mein Geliebter,
Ich liebe dich so sehr.
Hör nicht auf die andern,
Die dich von mir wegbringen wollen.

Meine Augen schauen dich an,
Von Herzen liebe ich dich,
Lieber sterben,
Als ohne dich zu leben.

14. Dezember

Hallo, liebste Mimi, wie geht's? Du hast es gut, daß du nicht sprechen und nicht hören kannst, weil dir so nichts Schlimmes und auch nichts Schönes widerfährt. Weißt du, heute bin ich furchtbar böse auf Shpresa, weil sie mit Mimoze ausgegangen ist. Noch heute morgen hat sie zu mir gesagt, sie würde nicht weggehen, und dann hat sie es doch getan. Heute abend wollte ich sie besuchen, aber sie war nicht da, ich fühlte mich schlecht, aber das ist vorbei, es interessiert mich nicht mehr. Auf jeden Fall verstehe ich nicht, warum sie das tut, ich sage ihr immer alles, während sie immer irgendwie macht, was sie will. Jetzt sind wir in meinem Zimmer, ich, meine Schwester Havushi, meine Tante, Buqi, Majlinda. Es tut mir leid, aber jetzt muß ich aufhören. Viele Grüße, ich hab' dich sehr lieb, deine Freundin Sadbera. Tschüs!

17. Dezember

Liebes Tagebuch, entschuldige, daß ich dir zwei Tage nicht geschrieben habe, ich konnte dir nicht schreiben, weil ich nicht wußte, was ich dir erzählen sollte. Aber heute habe ich daran gedacht, weil ich heute abend mit Shpresa weg war. Wir waren in einem Bistro mit Namen Llaions, von neun bis zehn, nur sie und ich, aber es hat uns gefallen. Ich habe viel Spaß mit Shpresa, wir lachen und reden über unsere Lieblingssänger und -schauspieler. Leonardo Di Caprio gefällt uns beiden, und wir wetteifern darum, wer die meisten Sachen mit ihm darauf findet: Poster, Zeitungsausschnitte, Bilder. Ich würde so gern einmal nach Amerika fahren, um ihn zu treffen. Dort muß es toll sein, die ganzen Lichter und die Farben! Und dann ist es ja die Welt des Films und des Theaters. Ich kenne einen Jungen, der schon einmal dort war, und er hat mir gesagt, daß es noch viel schöner ist, als ich es mir vorstellen kann. Jedenfalls habe ich heute abend niemanden um Erlaubnis gefragt, als ich wegging, weil ich Angst hatte, sie würden mich nicht lassen: Als ich nach Hause kam, hatte ich Angst, deshalb Ärger zu bekommen, aber, Gott sei Dank, haben sie nicht mit mir geschimpft. Doch jetzt darf ich bis Weihnachten nicht mehr weg. Danach, hoffe ich, darf ich weggehen, wann ich will. Tschüs Mimi.

18. Dezember

Um Himmels willen, Mimi, heute habe ich einen großen Fehler gemacht, ich habe mir zwei Noten ins

Klassenbuch eingetragen, eine in Albanisch und eine in Geographie. Jetzt habe ich Angst, daß die Lehrerin es am Freitag entdeckt. Du glaubst nicht, wieviel Schiß ich habe! Sowas habe ich vorher noch nie gemacht, aber ich hatte so Angst, daß sie mich abfragt und ich nichts weiß, denn zur Zeit arbeite ich noch im Laden, weil ich Geld brauche für Weihnachten. Weißt du, ich habe wirklich Angst, denn wenn sie es merkt, weiß sie sofort, daß ich es war. Hoffentlich merkt sie nichts.

22. *Dezember*

Mimi, weißt du noch, daß ich dir gesagt habe, ich dürfte bis Weihnachten nicht mehr weg? Trotzdem bin ich heute abend ausgegangen, weil niemand zu Hause war, den ich hätte fragen können, und meine Großmutter schlief. Ich habe Shpresa abgeholt, und wir sind in die Disco gegangen. Dort arbeitet ein Junge, den wir kennen, als Türsteher und kontrolliert die Eintrittskarten. Aber wir brauchten keine und sind bis elf geblieben. Shpresa hat dem Jungen vor der Tür ein Bier gebracht, und ich glaube, er hat sich wirklich darüber gefreut, weil er Shpresa sehr mag. Als wir herauskamen, habe ich vor der Disco einen ganz süßen Jungen gesehen, und auf dem Heimweg sagte Shpresa zu mir: »Schau, Sadbera, wer hinter uns ist.« Den ganzen Weg über haben wir gelacht und gesungen. Gegenüber von unserem Haus ist ein Billardsalon, und wir wollten unseren Freunden drinnen Bescheid sagen. Da haben wir einen Zigeuner gebeten, er solle sie rufen. Sie sind herausgekommen und haben uns gesagt, wir sollten mit reinkommen, also haben wir ihnen zugeschaut, bis sie zu Ende gespielt hatten. Dann haben wir uns unterhalten, und Fori sagte mir, daß Mimoze kein Interesse an mir habe, solche Mädchen wie mich könne er zu Hunderten finden. Aber es interessiert mich nicht, was er sagt, weil ich ihn jetzt nicht mehr liebe. So, Mimi, genug jetzt, ich habe schon viel zuviel geschrieben. Tschüs.

24. Dezember

Hallo Mimi, frohe Weihnachten! Heute abend bin ich ausgegangen, weil Weihnachten hier zwar ein Fest für die Katholiken ist, aber wir Mohammedaner es auch feiern. Ich war mit Shpresa in der Disco tanzen, und wir sind bis zwei Uhr geblieben. Zu Hause haben sie nicht mit mir geschimpft. Jetzt mache ich aber Schluß: Das Blatt ist voll, ich habe keinen Platz mehr zum Schreiben.

Bis bald, deine Freundin Sadbera.

29. Dezember

Hallo Mimi, Silvester kommt immer näher, es sind nur noch zwei Tage. Die ganze Stadt ist weiß, und ich hoffe, dieses Jahr wird für uns alle schön, weil das vergangene sehr traurig war. Ich bin hier zu Hause, mit meiner Schwester Havushi und meiner Tante Nexha. Ich lese ein italienisches Buch. Es heißt: Zlatas Tagebuch, die Geschichte eines Mädchens aus Sarajevo während des Kriegs. Es macht mir angst, wenn ich daran denke, daß so nahe bei uns Krieg war. Oft höre ich meinen Vater und meine Mutter sagen, daß es auch im Kosovo Krieg geben wird, weil die Serben uns aus unseren Häusern jagen wollen. Liebe Mimi, hoffentlich ist das nicht wahr, aber die Slawen hassen uns wirklich.

Es ist jetzt zwanzig nach zwölf.

Ich wünsche dir ein glückliches neues Jahr. Tschüs.

31. Dezember

Hallo Mimi, es ist ein Uhr vorbei, das neue Jahr hat begonnen, aber anstatt zu feiern, bin ich mit Havushi zu Bett gegangen, weil wir auf unseren Vater wütend sind. Nach der Feier sind meine Schwester und ich zu meiner Freundin Shpresa gegangen, um bis morgen bei ihr zu bleiben, weil wir ein bißchen Spaß haben wollten. Aber als wir dort waren, hat meine Schwester Majlinda angerufen und gesagt, wir sollten schnell nach Hause kommen, mein Vater würde herumschreien und sagen, wir dürften um diese Uhrzeit nicht weg sein. Als wir dann kamen, hat er Havushi und mich verprügelt. Er ist immer so, er fühlt sich groß und denkt, er kann tun, was er will. Ich hab ihn lieb, aber das wird er eines Tages bereuen.

Januar 1997

6. Januar

Geh und lebe ohne meine Liebe, andere werden die Tränen meiner Jugend aufsammeln.

Fahr ohne mich, wie es all deine anderen Freunde getan haben, die in Deutschland sind. Sag mir nicht, hier gäbe es kein Leben mehr, denn nur die Mutigen bleiben hier.

Es muß dir nicht leid tun, daß es mir schlecht geht. Ich werde nur eine mehr sein, die in schlaflosen Nächten um eure Rückkehr betet. Geh allein, geh.

Behalte mich nicht weinend in Erinnerung. Vergiß nicht, daß ich nur dich geliebt habe.

Geh allein, geh. Für mich kommen schlaflose Nächte, und vergiß niemals, daß ein Mädchen dich so geliebt hat.

Mimi, diesmal habe ich albanisch geschrieben. Liebe Grüße.

9. Januar

Liebe Mimi, heute ist der erste Tag des Ramadan. Das ist ein islamisches Fest, das einen Monat lang dauert. Man ißt den ganzen Tag über nichts, und ich versuche das auch. Doch heute nacht bin ich aufgestanden, um etwas zu essen. Hoffentlich halte ich bis zum Ende durch. Jetzt mache ich Schluß. Weißt du, manchmal denke ich, du bist die einzige Freundin, die ich habe. Ich hab' dich lieb. Tschüs. Deine gute Freundin Sadbera.

26. Januar

Liebe Mimi, heute haben wir uns große Sorgen gemacht, weil Papa nicht nach Hause kam. Als er dann endlich kam, erzählte er uns, er sei von Slawen angehalten worden, weil er mit unserem Auto durch ihr Viertel gefahren sei. Sie haben auf die Scheiben geschlagen und ihn *shiptari* genannt. Damit sie ihn weiterfahren ließen, mußte er ihnen Geld geben. Zum Glück haben sie ihm nichts getan.

Februar 1997

5. Februar

Hallo Mimi, heute war ein großer Tag, weil ich mit Antonella telefoniert habe und dann mit Shpresa auf ein Fest meiner Freundin Abetare gegangen bin. Als wir zur Disco kamen, standen alle unsere Freunde draußen. Aber sie ließen sie nicht rein. Auch Toni war da, ein Junge aus meiner Schule, den ich aber nicht näher kenne. Ich konnte nichts für sie tun, weil man einen Personalausweis braucht, um hineinzukommen, und sie sind noch zu jung. Meine Freundinnen und ich dagegen kamen rein, weil ein Freund von uns dort arbeitet. Später tauchte auch Toni auf, und beim Tanzen fragte er mich, wer meine Freundin Shpresa sei, er meinte, er hätte sie schon irgendwo gesehen. Wenn ich mich ein Stück von ihm entfernte, schaute er mich immer nur an, und auch ich sah ihn an, weil er wirklich gut aussieht. Wir hatten viel Spaß und sind bis halb zwölf geblieben. Dann bin ich zusammen mit meinen Freundinnen nach Hause gegangen. Tschüs.

8. Februar

Tung, hallo, liebe Mimi, wie geht's? Ah, mir geht es gut, heute ist der letzte Tag des Ramadan, und ich habe einen Monat lang durchgehalten, ohne zu essen. Doch ich habe weder ab- noch zugenommen.

Morgen gehe ich aus, weil wir ein Fest haben: Bayram. Damit feiern wir Mohammedaner das Ende des Ramadan. Ich hoffe, es wird lustig. Tschüs, meine Liebe.

11. Februar

Hallo Mimi, heute hatten wir viel Spaß. Um fünf klingelte das Telefon. Es war Buli, der Freund meiner großen Schwester. Er wollte mich fragen, ob ich mit ihm und Havushi einen Ausflug nach Feriazi machen wollte. Ich dürfte auch noch zwei Freundinnen mitnehmen. Ich lud Kiki und Shpresa ein, und auf der Straße lasen wir noch Ardiani auf, einen Cousin von Buli, und so sind wir alle zusammen losgefahren. Ardiani ist wirklich süß, immer nett und freundlich. Mag schon sein, daß er mir ein bißchen gefällt, aber er schaut mich nicht einmal an. Wir hatten viel Spaß, aber auf der Heimfahrt bekamen wir einen Plattfuß. Also hielten wir an, um ihn zu reparieren, aber wir haben es nicht hingekriegt. Da winkten wir einem anderen Auto, damit sie uns halfen. Es waren Slawen, aber zum Glück waren sie nett. Einer von ihnen ist mit uns gefahren, und Ardiani mit ihnen. Um halb eins kamen wir zu Hause an, und ich schlafe bei Shpresa. Hoffentlich schimpfen sie nicht mit mir.

März 1997

8. März

Herzlichen Glückwunsch, Mimi! Es ist auch dein Fest, denn du bist ja auch eine Frau! Ich war mit Shpresa, Abetare und Bedrin aus, aber ich fand es nicht so toll. Wir waren in einem Bistro, den Namen weiß ich nicht mehr, und haben Sandwichs gegessen und Cappuccino getrunken. Auf dem Heimweg hat mir ein Freund Blumen geschenkt. Und das war der Frauentag. Mir schien er nicht anders als alle anderen Tage auch. Was meinst du, Mimi?

15. März

Hallo Mimi, heute war es wunderschön! Ich bin mit meinen Freunden in die Berge gefahren: Vlora, Besa, Vetoni, Iliri, Enveri, Dani, Doni, Burimi, Luli und ich. Eigentlich sollten wir noch mehr sein. Deswegen haben wir auch den Bus nicht gekriegt, weil er nur für uns nicht fahren konnte. Dann kam ein anderer Bus, der war zwar schon voll, aber wir haben ihn trotzdem genommen und mußten die ganze Fahrt über stehen, weil keine Sitzplätze mehr frei waren. Jedenfalls haben wir einen herrlichen Tag verbracht, den ich nie vergessen werde! Wir haben zusammen unsere Brote gegessen, und Dani gab mir Bier zu trinken. Ich spürte, wie sich in meinem Kopf alles drehte, und ich mußte immer lachen.

Aber jetzt muß ich gehen.

April 1997

5. April

Liebe Mimi, entschuldige, daß ich dir so lange nicht geschrieben habe. Jetzt ist es null Uhr fünfunddreißig. Ich bin bei Shpresa, heute übernachte ich bei ihr. Wir hören gerade Musik, sie sitzt über einem Englischaufsatz, und ich schreibe dir, liebe Mimi, denn ich nehme dich überallhin mit, ich lasse dich nie allein, nie! Ich habe Shpresa erzählt, daß Ardiani mir ziemlich gut gefällt, ich konnte es einfach nicht mehr für mich behalten. Ich hoffe, ich kann ihr vertrauen. Ach ja, gestern war ich auf einer Pyjama-Party bei einem von Shpresas Freunden. So etwas hatte ich noch nie mitgemacht. Ich habe mir ein Nachthemd von Oma geliehen, und Shpresa trug einen gestreiften Schlafanzug. Wir sind auf die Straße gegangen, um die Leute zu erschrecken, und haben uns dann kaputtgelacht. Jetzt schließe ich, weil ich dir nichts mehr zu erzählen habe. Küßchen von deiner Freundin Sadbera und von Shpresa.

18. April

Hallo Mimi, wie geht's? Ich muß dir was sagen. Unser Hund bringt gerade seine Jungen zur Welt. Bis jetzt sind es erst zwei, wir werden sehen, wie viele noch kommen. In den letzten Tagen haben wir Bayram gefeiert. Zu diesem Anlaß wird ein Tier geschlachtet, ein Hammel oder ein Schaf, und unter allen verteilt, vor allem unter den Armen. Dann tanzen und singen alle gemeinsam. Ich weiß nicht, ob es richtig ist, aber ich mag auch die Feste unserer Religion, weil sie mir Spaß machen.

Heute bin ich allein in meinem Zimmer, allein mit dir, Mimi, und es ist kalt.

21. April

Liebe Mimi, jetzt bin ich in der Schule, und die Lehrerin erklärt gerade irgendwas. Eigentlich dürfte ich dir jetzt nicht schreiben, aber ich will dir nur schnell etwas sagen, was ich vergessen hatte: Conia hat elf Welpen zur Welt gebracht. Fünf schwarze und sechs braune, wir freuen uns wirklich sehr! Mal sehen, ob wir sie alle behalten dürfen.

Mai 1997

9. Mai

Liebe Mimi, ich bin gerade bei Shpresa. Wir sind zu viert: Havushi, Shpresa, Kiki und ich, wir singen und sehen fern. O Mimi, entschuldige, ich vergaß, dir zu sagen, daß am Sonntag meine Tante Antonella kommt. Ich kann es kaum erwarten, bis sie endlich da ist. Ich mag sie unheimlich gern. Viele Grüße von Kiki, Havushi und Shpresa, aber vor allem von mir. Tschüs.

11. Mai

Hallo Mimi, heute bin ich sehr glücklich: meine Tante Antonella ist da. Ich habe sie mit Majlinda und Papa am Flughafen abgeholt. Jetzt schläft sie, weil sie sehr müde war; aber Mimi, ich bin auch ein bißchen traurig, weil sie die Kinder nicht mitgebracht hat. Sie hat sie in Italien gelassen, weil sie nur fünf Tage hierbleibt. Jetzt mache ich Schluß, liebe Mimi, weil ich noch lernen muß. Morgen muß ich wieder in die Schule, und ich habe Angst, weil ich nicht kein einziges Mal in meine Bücher geguckt habe! Tschüs, Sadbera.

16. Mai

Ach Mimi, ich fühle mich so einsam, weil Tante Antonella abgereist ist. Sie fehlt mir so, ich hatte mich schon richtig an sie gewöhnt. Sie ist so lustig, lacht und erzählt, in ihrer Gegenwart kann man einfach nicht traurig sein. Wenn ich erwachsen bin, will ich so sein wie sie, eine starke, fröhliche Frau, die immer Freunde um sich hat. Wer weiß, wann sie wiederkommt? Sie sagt, Ende Juni, aber ich glaube nicht daran, weil sie so viele Probleme hat. Hoffentlich bringt sie nächstes Mal auch die Kinder mit. Vielleicht will Gott nicht, daß wir glücklich sind.

21. Mai

Hallo Mimi, heute habe ich bei Shpresa den Film von Kassandra geguckt, dann bin ich nach Hause gegangen, um mir das Fußballspiel anzuschauen. Italien spielte gegen Frankreich, zwei zu zwei. Ich wußte, daß es unentschieden ausgehen würde, ich weiß nicht, wieso, aber ich habe es gespürt. Ich sehe gern italienischen Fußball, weil die so gutaussehende Jungs haben, wie Roberto Baggio zum Beispiel. Die Spiele schaue ich mir immer zusammen mit meinem Vater an, er ist auch für Italien und nicht für Jugoslawien. Dann muß ich an meine Onkel und Tanten denken, die dort wohnen und die ich sehr liebhabe. Ich umarme dich. Deine Freundin Sadbera.

Juni 1997

11. Juni

Ich sitze allein in meinem Zimmer und muß dir etwas ganz Wichtiges sagen: Die Schule ist aus. Ich dachte schon, dieses Jahr würde nie zu Ende gehen, aber Gott sei Dank habe ich es geschafft. Auch wenn ich die Mathematikprüfung verhauen habe. Lernen macht mir keinen Spaß, es sind gar so viele Bücher. Ich wäre viel lieber Schauspielerin wie meine Freundin Adriana. Sie ist etwas älter als ich und wirklich gut. Wenn ich sie auf der Bühne sehe, ist das so echt, daß ich weinen muß. Die Schauspieler vermitteln ihrem Publikum immer große Gefühle, oder aber sie bringen die Zuschauer zum Lachen und unterhalten sie. Ich finde, das ist ein wunderschöner Beruf. Etwas anderes, was ich gerne machen würde, wäre, Rechtsanwältin zu werden, um den Leuten zu helfen. Aber um zur Universität zu gehen, braucht man Geld. Auf jeden Fall muß man noch viele Jahre studieren, und ich weiß nicht, ob ich dazu Lust habe.

26. Juni

Hallo Mimi, heute hat Shpresa Geburtstag. Wir wollten zu Mimoza, aber sie war krank, und so sind wir zu Ganimeti, einer anderen Freundin. Unterwegs haben wir meine Schwester Havushi und Kiki getroffen und sind mit ihnen in ein Bistro gegangen, um zu feiern. Dann wollten wir in eine neue Disco. Aber sie ließen uns nicht rein, weil sie nur für Serben war. Jedenfalls haben wir einen schönen Tag verbracht, und Shpresa war sehr zufrieden. Herzlichen Glückwunsch Shpresa, auch von Mimi.

August 1997

2. August

Hallo Mimi, wie du siehst, habe ich dir schon seit einiger Zeit nicht mehr geschrieben. Seit zwei Tagen bin ich mit Lida, Nexha und Havushi am Meer. Heute regnet es, also sind wir auf unserem Zimmer. Heute nachmittag kamen auch Shpresa und Kiki an, aber sie wohnen nicht bei uns. Papa ist mit ihnen losgegangen, um ein Zimmer für sie zu suchen. Sie werden ein bißchen weiter weg wohnen, weil es ihnen hier zu teuer ist.

3. August

Mimi, heute habe ich Ardiani am Meer getroffen! Er war mit Havushi am Strand, dann kamen auch noch Shpresa, Kiki und ein Freund aus Skopje. Wir haben alle zusammen Karten gespielt. Abends sind wir in ein Lokal gegangen, in dem Afrim Muqiqi singt. Und da war er auch: Ardiani. Ich war unheimlich aufgeregt, ihn wiederzusehen, auch wenn ich ihm nicht in die Augen schauen konnte. Ich weiß, daß er mich nicht einmal sieht, weil ich zu jung bin und er immer mit älteren Mädchen zusammen ist. Aber er hat wunderschöne Augen, so süß und tief. Gib mir einen Rat, Mimi, was kann ich tun?

4. August

Hallo Mimi.

Heute habe ich Geburtstag. Wir sind zu Hause mit Lida, Nexha, Havushi und Fori. Nexha hat mich, Kiki und Shpresa zum Essen eingeladen. Heute werde ich siebzehn. Abends wollten wir eigentlich ausgehen und feiern, aber ich bin sauer auf Shpresa, weil sie nicht mitgekommen ist. Also war ich mit Havushi und Kiki allein weg. Zuerst waren wir bei Vera Uruqa und dann bei Afrim Muqiqi. Ardiani und seine Freunde waren auch da, und als ich tanzte, kam Ardiani und tanzte mit uns. Danach hat er mir zum Geburtstag gratuliert und mich umarmt. Und dann hat er mich geküßt. Das war ein total starkes Gefühl, es kribbelte von Kopf bis zu den Zehenspitzen. Das werde ich nie vergessen! Wir blieben noch bis halb eins, dann gingen wir nach Hause. Tschüs und alles Liebe zum Geburtstag. Deine Sadbera.

5. August

Mimi, am Meer ist ein Tag wie der andere. Um neun oder zehn gehen wir an den Strand und spielen Karten. Heute wollten wir noch Shpresa und Kiki abholen, Kiki kam aber nicht, weil sie einen argen Sonnenbrand hat, sie hat zu lange in der Sonne gelegen. Auch ein anderer Freund ist nicht gekommen, weil er nachts schwimmen war und nun krank ist. Wir haben viele Fotos gemacht, so daß ich diese schönen Tage nie vergessen werde. Abends sind wir dann mit Naim weggegangen, Havushis neuem Verlobten. Er ist wirklich nett und sieht auch gut aus. Ich habe

Ardiani getroffen, aber nicht mit ihm gesprochen, weil er mich nicht gesehen hat. Darüber bin ich sehr traurig, weißt du, Mimi. Um vier Uhr früh waren wir zu Hause, und ich habe für alle etwas zu essen gemacht. Ach, und Shpresa findet Dardani toll. Er hat ihr seine Telefonnummer gegeben, so können sie sich in Priština wiedersehen. Die Glückliche! Tschüs Mimi, wenigstens habe ich dich.

7. August

Mimi, heute sind wir sehr früh an den Strand gegangen. Während ich mich mit meinen Freundinnen unterhielt, habe ich von weitem Ardiani direkt auf uns zukommen sehen. Er wollte mit uns Karten spielen. Während wir spielten, kam ein Lied im Radio (*Let it rain*), und er stand auf und ging schwimmen. Das macht er immer, wenn sie dieses Lied spielen, weil es ihm so gut gefällt. Ich habe ihn den ganzen Tag lang nicht aus den Augen gelassen, egal was er machte, wohin er ging, immer habe ich ihn heimlich beobachtet. Er ist so süß, Mimi, ich würde so gern mit ihm gehen, aber so ist er halt, mal ist er da und mal geht er weg. Ich weiß, daß ich ihn sehr mag, aber wie das bei ihm ist, weiß ich nicht.

9. August

Hallo Mimi, der Tag war wunderschön, aber heute abend fahren meine Freunde nach Hause. Du weißt gar nicht, wie traurig mich das macht. Ohne sie habe ich keine Lust, an den Strand zu gehen, es kommt mir vor, als wäre nichts mehr so wie vorher. Irgendwie fehlt diese fröhliche Atmosphäre, die ich verspürte, wenn ich mit ihnen dort war. Die Ferien gehen immer viel zu schnell vorbei. Du wartest ewig darauf, und dann sind sie im Handumdrehen schon wieder vorbei. Ich muß jetzt aufhören, weil mir die Tränen kommen.

10. August

Heute ist der letzte Tag am Meer, morgen fahren wir heim. Zumindest Lida, Nexha, Bajram und ich, während Havushi noch ein paar Tage bei Kiki bleibt, weil ihre Freunde noch da sind. In Priština, muß ich wieder anfangen zu lernen, und dazu habe ich überhaupt keine Lust. Es ist, als ob ich aus einem schönen Traum erwache.

26. August

Weißt du, was es Neues gibt, Mimi? Ich habe die Mathe-Prüfung bestanden und bin nun in der zweiten Klasse. Die Prüfung war schon am 22., aber ich hatte noch keine Zeit, um dir zu schreiben. Seit wir vom Meer zurück sind, habe ich meine Freunde nicht mehr getroffen. Ich vermisse sie, vor allem Ardiani. Einmal habe ich ihn angerufen, aber er war nicht da. Ich weiß, daß er in Priština ist, aber ich sehe ihn nie. Ich glaube, ich habe mich in ihn verliebt, aber ich will mich nicht verlieben, weil er nicht hier wohnt und ich ihn nur manchmal sehen kann.

Shpresa ist ausgegangen, aber ich weiß nicht, mit wem. Hoffentlich trifft sie ihn, dann kann sie mir etwas über ihn erzählen. Jetzt werde ich ein bißchen lesen. Ich lese gerade ein italienisches Buch, es heißt *Die Erinnerungen einer Diebin*. Antonella hat es mir dagelassen, als sie hier war.

Sie kam zehn Tage, als wir am Meer waren, zusammen mit Irfan und Lindita. Ich habe sie einen Tag lang gesehen, bevor wir wegfuhren. Mein Gott, wie groß die Kinder geworden sind. Wer weiß, wann ich sie wiedersehe, vielleicht nächstes Jahr.

30. August

Mimi, es ist jetzt elf Uhr nachts. Ich bin in meinem Zimmer. Im Radio spielen sie mein Lieblingslied (*Let it rain*). Es erinnert mich an meine Freunde am Meer und vor allem an Ardiani. Immer wenn er es hörte, stand er auf und warf sich ins Wasser. Ich träume oft von diesen herrlichen Tagen und werde sie den ganzen Winter über in meinem Innern bewahren.

September 1997

9. September

Hallo Mimi, jetzt fangen die Probleme an. Die Schule hat wieder begonnen und ich muß lernen. Wer weiß, ob ich es dieses Jahr schaffe. Ich bin allein in meinem Zimmer und höre Radio Korona. Manchmal bin ich gern allein. Mir gehen so viele Dinge durch den Kopf, über die ich dann in Ruhe nachdenken kann. Und ich kann mit offenen Augen träumen. Ich träume auch von der großen Liebe und stelle mir vor, daß wir uns treffen, wie gut wir uns verstehen und wie wir miteinander lachen und Quatsch machen. Oft träume ich auch im Unterricht, wenn die Lehrerin irgend etwas erklärt. Ich weiß, das sollte ich nicht, aber ich stelle mir so gern vor, daß er kommt und mich mitnimmt. Jetzt sage ich tschüs, ich gehe ins Bett, weil ich morgen früh zur Schule muß.

Oktober 1997

2. Oktober

Hallo Mimi, ich bin mit meiner Schwester Majlinda auf unserem Zimmer, sie schläft und ich schreibe dir. Morgen hat Havushi Geburtstag. Ich habe mit Antonella telefoniert, sie sagt, die Kinder machen viel Arbeit. Ich würde gerne noch mal nach Italien fahren und ihr zur Hand gehen. Dann könnte ich auch besser Italienisch lernen, das mir sehr gut gefällt. Weißt du, so oft fehlen mir die richtigen Worte, um dir meine Gefühle zu erklären. Doch ich weiß, daß du mich trotzdem verstehst, weil du mich jetzt schon gut kennst. Du weißt ja, ich schreibe dir italienisch, liebe Mimi, damit niemand meine Geheimnisse lesen kann. Nur du und ich.

22. Oktober

Du bist gegangen und nicht mehr zurückgekehrt.

Nacht, Stille, ich gehe durch die Straßen, allein mit meinem Schatten und den funkelnden Sternen. Es kommt mir vor, als würde mir jemand folgen.

Nein, nein, niemand folgt mir, es sind meine Gedanken, die mich erschrecken und mich in der endlosen Dunkelheit in die Irre leiten.

Ich weiß noch, wie er sagte: »Morgen fahre ich.«

Ich gehe weiter, betrachte die Orte, an denen wir zusammen waren, die nun verlassen sind. Du bist schuld, daß ich das Leben nicht mehr liebe und nur an traurige Dinge denke. Du hast meine Träume gestohlen, meine Hoffnungen zerstört und mein Lächeln ausgelöscht. Und doch warte ich immer noch auf deine Rückkehr.

Dies habe ich nur für dich aufgeschrieben, der du so weit weg bist. Ich werde auf dich warten, bis du wiederkommst.

Ich liebe dich von ganzem Herzen. Sadbera.

November 1997

2. November

Mimi, ich konnte dich nicht allein unter meinem Nachttisch liegenlassen, während ich mit meinen Schwestern und Freundinnen unterwegs bin. Also habe ich dich heute mitgenommen, weil wir zu Adelina Ismajli wollten, der jetzigen Miß Kosovarja, um eine Kassette aufzunehmen. Wir waren in einer Bar im Zentrum, es waren eine Menge Leute da, und sie hat gesungen. Shpresa und ich haben alles aufgezeichnet, so können wir die Kassette zu Hause anhören, wann wir wollen. Es war ein toller Abend. Aber jetzt muß ich mich von dir verabschieden. Küßchen. Sadbera.

12. November

Du liebe Zeit, Mimi, heute abend ist etwas Komisches passiert. Zwei Mädchen sind gekommen, um mir zu sagen, ich solle die Finger von ihren Verlobten lassen, dabei habe ich mit denen überhaupt nichts zu tun. Sie dachten, ich würde mit ihnen etwas anfangen wollen. Aber das stimmt nicht. Ich glaube, sie verwechseln mich mit meiner Freundin Eli, ich weiß, daß sie sich mit ihnen getroffen hat. Da haben sie mir gesagt, ich solle ihr ausrichten, sie solle sie in Ruhe lassen, weil das ihre Freunde sind. Ich schäme mich so, ich schwöre dir, Mimi, ich fühle mich so schlecht, als wäre alles meine Schuld, und morgen muß ich mit meiner Freundin Eli reden und ihr sagen, die soll nicht mehr mit denen reden. Ich weiß nicht, was morgen geschehen wird, hoffentlich geht alles gut. Ich erzähle dir dann alles.

25. November

Mimi, ich habe dich nicht vergessen. Weißt du, daß mein Hund Conia vor einer Woche gestorben ist? Er war sehr krank, und wir haben ihn lange gepflegt. Dann haben wir ihn woandershin gebracht, und als wir ihn wieder besuchen wollten, war er tot. Er fehlt mir so, Mimi, er war zwei Jahre lang bei uns, und auch seine Welpen sind gestorben, weil sie eine unheilbare Krankheit hatten.

30. November

Mimi, heute hat uns Adelina Ismajli wieder besucht: Wir hatten viel Spaß. Sie ist Miß Kosovarja, achtzehn Jahre alt und wirklich schön! Aber trotz ihres tollen Aussehens ist sie überhaupt nicht eingebildet. Natürlich kann sie gut reden und scheint erwachsener als wir, aber sie ist nett und lacht mit jedem. Ich war ihr sehr sympathisch, und sie küßte mich dauernd, das sagten auch meine Freundinnen. Sie blieb bis halb zwei, und als sie ging, verabschiedete sie sich von uns und sagte, sie würde noch mal kommen, aber das glaube ich kaum, weil sie eine berühmte Sängerin ist und keine Zeit hat, zu irgend jemanden hinzugehen. Wie gern würde ich sie nur noch ein einziges Mal sehen.

Dezember 1997

10. Dezember

Hallo Mimi, heute abend will ich dir meine Schulkameraden vorstellen. Ich bin immer mit ihnen zusammen, es sind die besten Freunde, die ich je hatte. Sie heißen Vlora, Yllka, Afrimi, Eli, Fitimi, Fehmia und Iliriana. Afrimis Freundin heißt Edona, und Vlora ist Fitimis Freundin. Die beiden Mädchen sind eifersüchtig auf mich und Eli, das heißt Edona auf mich und Vlora auf Eli, aber mir ist das egal, denn wenn ich einen Jungen mag, kann mich niemand daran hindern, ihn zu sehen. Wir werden nur noch ein Jahr zusammen in einer Klasse sein, weil er dann zur Uni geht. Das tut mir sehr leid, weil ich gern mit ihm zusammen bin.

11. Dezember

Tung, Mimi, wie geht es dir? Heute werde ich dir etwas sehr Schönes erzählen. Ich war mit Eli auf der Geburtstagsfeier einer Freundin. Yllka und Shpresa waren auch mitgekommen. Als wir eintrafen, waren unsere Freunde schon da: Fitimi, Afrimi mit seiner Freundin Vlora, und später tauchten dann auch Fehmia und Besa auf. Ich habe ein Lied mit Afrimi getanzt und zwei mit Fehmia. Er hielt mich ganz fest, schlang die Arme um mich und legte seinen Kopf auf meine Schulter. Ich fühlte mich toll mit ihm! Um fünf gingen wir nach Hause. Sei gegrüßt, Mimi, von deiner Freundin Sadi. Ach, ich vergaß dir zu sagen, daß Shpresa die Videokamera mitgebracht und alles aufgenommen hatte. So habe ich jetzt auch die Kassette.

12. Dezember

Hallo Mimi, heute haben meine Freundinnen mir geschrieben.

Liebe Sabi, seit unsere Freundschaft begann, bist Du wie eine Schwester für mich. Daher wünsche ich Dir viel Erfolg im Leben.

VLORA BUGINIO

Als wir uns kennenlernten, glaubte ich nicht, daß wir so gute Freundinnen werden würden. Deshalb wünsche ich Dir Wohlstand und Glück in Deinem Leben.

YLLKA BALLACI

Liebe Sabi, es grüßt Dich Deine Freundin mit einem dicken Kuß.

ELLOME BEHO-ELI

14. Dezember

Mimi, jemand hat mir meine Tennisschuhe geklaut, die ich mir erst vor einem Monat gekauft hatte. Ach Mimi, sie fehlen mir sehr, sie haben mir so gut gefallen. Es waren meine Lieblingsschuhe. Ich weiß, daß eine Nachbarin sie geklaut hat, aber das wird sie mir büßen. Wenn ich sie an jemandem sehe, der kann was erleben. Ich hoffe so, daß ich sie finde, aber ich glaube es kaum. Ach Mimi, wenn du wüßtest, wie sehr ich es hoffe.

Jetzt muß ich schließen. Es grüßt dich deine einzige Freundin Sadbera.

24. Dezember

Heute ist Weihnachten. Ich bin mit Shpresa, Bedria und Abetarja ausgegangen. Zuerst sind wir ein bißchen herumgelaufen, aber alle Lokale waren voll, und es gab keine freien Sitzplätze. Um zwölf brachten wir Abetarja nach Hause, weil sie heim wollte, und dann sind wir ins Mrica gegangen. Dort haben wir Freunde getroffen, die sich so freuten, uns zu sehen, daß sie uns alle drei umarmten. Wir haben so viel getanzt, daß mir die Füße weh taten, dann gingen wir woandershin. Wir waren nur zu sechst, Bedria, Shpresa, Fitimi, Afrimi, Mentori und ich. Ich habe mit Afrimi getanzt. Er gefällt mir sehr, aber das Problem ist, daß er schon eine Freundin hat, daher glaube ich nicht, daß er sich in mich verlieben wird. Aber mir, Mimi, mir gefällt er! Und wir haben viel Spaß zusammen. Um vier gingen wir nach Hause, und in meinem Zimmer war es sehr kalt, aber das macht nichts. Tschüs, Mimi. Frohe Weihnachten!

31. Dezember

Hallo Mimi, Silvester habe ich nicht sehr gut verbracht. Afrimis Freundin war da, und als ich mit ihm tanzte, schaute sie mich ganz böse an. Sie war eifersüchtig auf mich. Aber das interessiert mich nicht, weil ich Afrimi schon viel länger kenne als sie. Eine Menge Leute war da. Zum Schluß war ich so müde, daß ich keine Kraft mehr hatte, nach Hause zu gehen. Mimi, sogar meine Freundin Eli hat mich komisch angeschaut. Ich weiß nicht, warum, aber jetzt habe ich wirklich von allen genug. Ich will nur an mich denken und an niemand anderen!

Januar 1998

13. Januar

Lieber Gott, Mimi, heute wurde mir schon wieder ein Paar Nike-Schuhe geklaut. Bajram hatte sie mir geliehen. Ich hatte bei Shpresa ferngesehen, und als ich aus dem Haus kam, standen sie nicht mehr da. Meine Mutter weiß noch gar nichts davon. Was wird sie nur sagen? Hoffentlich schreit sie nicht mit mir herum.

16. Januar

Liebe Mimi, du bist meine beste Freundin, der ich alle meine Geheimnisse erzählen kann. Ich sitze am Wohnzimmertisch und schreibe. Meine Schwester Majlinda, meine Brüder und mein Cousin Agroni sitzen auf dem Sofa. Heute abend habe ich mit Shpresa bei Bedri gegessen, und dann sind wir ins Theater gegangen. Nafri, die Verlobte von Shpresas Bruder, war auch mit. Wir haben *Maturantet* gesehen, ein sehr unterhaltsames Stück. Die Hauptpersonen sind so alt wie wir, und ich glaubte, mich in der Schule zu sehen. Heute will ich einen Brief an meinen Onkel in Italien schreiben. Ich denke oft an ihn und hoffe, daß ich ihn, Antonella, Lindita und meinen kleinen Irfan bald wiedersehe.

19. Januar

Liebe Mimi, am ersten Schultag mußten wir zur Beerdigung des Vaters unseres Klassenkameraden Naim gehen. Es war ein trauriger Tag, um dieses Jahr zu beginnen. Ich will nicht daran denken, daß jemand in meinem Alter keinen Vater mehr hat, daß er ohne ihn erwachsen werden muß. Zum Glück hat er noch seine Mutter und viele Freunde. Ich würde ihm so gerne zu verstehen geben, daß ich bei ihm bin, wann immer er will. Aber wie soll ich ihm das sagen?

März 1998

2. März

Heute ist ein sehr gefährlicher Tag für uns Albaner. Der Krieg kommt nach Priština, in Drenica gab es schon achtundzwanzig Tote. Wir sind auf die Straße gegangen und haben gegen die Slawen demonstriert, aber sie kapieren nichts. Sie wollen uns alle umbringen und uns unser Land wegnehmen. Heute haben sie eine Menge Leute zusammengeschlagen, Männer und auch Mädchen und Jungen. Wie lange wollen die Slawen uns noch umbringen? Jeden Tag stirbt einer, du kannst nicht einmal mehr vor die Tür.

Lieber Gott, hoffentlich geht das gut aus.

5. März

Auch heute ist es nicht ruhig. Wir sind zur Schule gegangen, aber sie haben uns heimgeschickt, es war zu gefährlich. Soviel Angst hatte ich noch nie. Sie sagen, die Serben haben in Drenica und auch in anderen Orten Häuser bombardiert und niedergebrannt. Sie sagen, in den Bergen hat der Krieg schon begonnen. Heute haben wir alles gekauft, was wir kriegen konnten, weil ein Geschäft nach dem anderen schließt. Ob wir morgen in die Schule dürfen?

Heute haben alle Frauen vor dem Gebäude der amerikanischen Botschaft demonstriert, aber

Havushi, Shpresa, Mimoza und mir ist es nicht gelungen, nahe heranzukommen, weil die Polizisten uns nicht durchließen. Wir sind so weit gelaufen und dann wieder nach Hause gegangen. Wir haben alle große Angst. Andauernd hören wir Nachrichten, aber die Lage wird immer angespannter, und ich glaube nicht, daß sich etwas daran ändert. Wir müssen uns zu Hause einschließen, und abends kann man nicht weggehen. Daran sind nur die Slawen schuld. Ich wünsche mir so sehr, daß diese Geschichte so schnell wie möglich vorbei ist, sonst sind wir in zwei Monaten alle tot, Mimi, und dann kann ich dir nicht mehr schreiben. Ich muß jetzt Schluß machen. Hoffentlich wird es morgen ruhiger. Ich hoffe es sehr. Es grüßt dich deine Freundin Sadbera.

7. März

Wir leben in einer sehr gefährlichen Zeit, daher können wir Dita und Mesuesit nicht feiern. In Drenica haben sie einen Mann getötet, der gesucht wurde. Sie sagen, er war ein Terrorist, aber das ist nicht wahr, denn die Leute kämpfen nur, weil sie kein Brot zu essen haben. Die Serben nennen sie Terroristen, aber sie sind es, die jeden Tag Leute umbringen, Männer, Frauen und sogar Kinder. Nach sieben Uhr abends dürfen wir nicht mehr auf die Straße, weil sie in Drenica eine ganze Familie ermordet haben. Sie haben die Frauen vergewaltigt und dann umgebracht. Eine Frau war schwanger. Jetzt verlassen alle Frauen und Kinder ihre Wohnungen und fliehen. Es gibt Millionen Tote, und nun warten wir darauf, daß der Krieg auch zu uns nach Priština kommt. Welche Schuld haben wir, außer daß wir Albaner sind?

9. März

Liebe Mimi, die Lage hat sich immer noch nicht beruhigt. Heute haben wir im Zentrum von Priština demonstriert, aber nicht nur hier, im ganzen Kosovo gibt es Demonstrationen. Die Polizisten haben nicht eingegriffen, weil sie sehr schlau sind. Ein italienischer Journalist hat ein Interview mit mir gemacht. Ich habe ihm gesagt, wir sind keine Terroristen, weil jemand, der sein Zuhause beschützt kein Terrorist sein kann. Heute sagten sie in den Nachrichten, gestern abend seien fünfzig Tote auf einem Lastwagen nach Drenica gebracht worden. Den Familien habe man befohlen, die Leichen nachts zu begraben, damit niemand sie sieht. Die Welt weiß nichts von uns, von dem, was hier passiert, wie viele Mütter um ihre Söhne und Männer weinen. Europa sieht nichts. Ich hoffe so sehr, daß sich etwas ändert und die UNO eingreift, aber bei all den Toten glaube ich nicht, daß wir um den Krieg herumkommen. Wir können nur hoffen, wie wir es bisher getan haben. Wir hoffen immer noch!

Mai 1998

20. Mai

Hallo Mimi, weißt du, was passiert ist? Unsere Freunde sind nicht mehr da, sie haben die Schule schon beendet. Erst zwei Tage sind vergangen, und ich vermisse sie schon, ohne sie kommt mir die Schule richtig leer vor. Heute habe ich mit Afrimi telefoniert, ich mußte ihm sagen, daß ich nicht zu Fenmis Fest kommen kann, weil ich Schule habe. Das tut mir sehr leid, ich wäre wirklich gern hingegangen, auch weil Shpresa die Videokamera mitnehmen wollte. Aber da ist nichts zu machen, die Sache ist gegessen.

23. Mai

Liebe Mimi, erinnerst du dich noch an meine Freundin, die Schauspielerin war? Ich weiß nicht mehr, ob ich dir schon von ihr erzählt habe. Jedenfalls war Adriana meine Lieblingsschauspielerin. Sie war am Theater, und du weißt, das wäre mein Traum. Auch wenn ich bis jetzt nur mit meinen Freundinnen geübt habe. Ich bin traurig, denn ich werde sie nie mehr sehen. Adriana wurde getötet. Sie wollte mit Freunden in einer Bar proben, und die Serben haben eine Bombe geworfen. Es gelang ihr noch, dort rauszukommen, aber jemand hat auf sie geschossen. Die Kugel durchschlug ihren Hals und trat auf der anderen Seite wieder aus. Ich würde so gern Schauspielerin werden, wegen ihr, weil sie so gut war. Heute war die Beerdigung, aber ich konnte nicht einmal auf den Friedhof gehen, um ihr die letzte Ehre zu erweisen.

Mimi, was für ein furchtbarer Tag.

Juni 1998

2. Juni

Liebe Mimi, es ist etwas passiert, was ich lieber nicht gesehen hätte. Ich war heute in der Schule, um zu erfahren, ob ich die Prüfungen bestanden habe, aber ich muß Informatik und Buchführung wiederholen. Als ich draußen stand, habe ich Fenmi gesehen, wie er eine Klassenkameradin küßte. Sie gehen jetzt zusammen. Ich habe so getan, als sähe ich sie nicht, weil ich das nicht von ihm erwartet hätte. Jetzt ist es aus mit ihm, und ich will nicht mehr daran denken. Adriani geht auch nach Amerika, das hat mir sein Cousin Buli gesagt. Sein Vater meint, für Albaner gäbe es hier keine Zukunft, und es gäbe vielleicht Krieg. Es war wirklich ein schrecklicher Tag, ich mag nicht einmal mehr schreiben.

4. Juni

Ich bin mit Havushi auf meinem Zimmer. Die Schule ist seit ein paar Tagen aus. Es macht mir keinen Spaß, zu Hause zu bleiben, aber wir können nicht einmal auf die Straße. Jeden Tag haben wir Angst vor dem Krieg, der woanders schon begonnen hat und bestimmt auch bald zu uns kommt. Ich muß Schluß machen, Mimi.

6. Juni

Jetzt ist es sicher. Es gibt Krieg, und sie sagen, früher oder später wird er auch nach Priština kommen. An anderen Orten, vor allem in den Bergen, hat er schon vor vier Monaten begonnen. Wir wissen nicht, was wir tun sollen. Niemand hilft uns, wir hoffen so sehr, daß jemand uns hilft. Jeden Abend vor dem Einschlafen denke ich an meine Verwandten in Italien: Antonella, Hysen, Irfan, Lindita und Driton. Ob ich sie jemals wiedersehe? Vielleicht nie mehr. Immer wenn ich an sie denke, muß ich weinen. Lieber Gott, bitte hilf uns.

11. Juni

Liebe Mimi, ich bin im Wohnzimmer. Mein Vater sieht sich die Nachrichten im Fernsehen an, während ich schreibe und die anderen schlafen. Es gibt nichts zu tun, ich bin es satt, zu Hause zu bleiben. Dieser Krieg bringt uns noch alle um, ich kann nicht mehr. Andauernd müssen wir jetzt Nachrichten gucken, auch wenn ich lieber das italienische Fernsehen schaue, weil ich den Serben nicht traue. Es ist dreiundzwanzig Uhr vierzig. Nun ist auch mein Vater zu Bett gegangen, und ich gehe jetzt auch schlafen.

Juli 1998

9. Juli

Liebe Mimi, heute hat mir meine Schwester Havushi etwas erzählt, was ich dir am liebsten gar nicht sagen würde. Ein sechzehnjähriges albanisches Mädchen wurde vor den Augen ihres Vaters von drei Serben vergewaltigt. Und dann hat sie sich umgebracht. Ich weiß nicht, was ich tun würde, wenn mir so etwas zustoßen würde.

Ich glaube nicht, daß es wirklich Gerechtigkeit gibt. Ich wollte Anwältin werden, aber jetzt denke ich, das bringt nichts. Der Stärkere gewinnt immer. Und die Stärkeren sind immer die Serben, weil sie sich nur mit den Schwächeren anlegen.

August 1998

23. August

Liebe Mimi, ich sitze allein in meinem Zimmer, alle sind weg. Nexha ist seit einem Monat in Italien, Shpresa hat die Prüfungen bestanden und ist jetzt in der dritten Klasse. Ardiani ist in Amerika. Und vor allem: Havushi hat beschlossen, bald Naimi zu heiraten. Papa und Mama sind zufrieden, aber ich werde sie sehr vermissen. Ich muß weinen, wenn ich daran denke, daß sie mit ihm fortgehen wird. Ich hab' sie wirklich lieb! Die Lage hat sich noch nicht wieder normalisiert. In letzter Zeit bin ich sehr traurig. Ich kann dir gar nicht sagen, wie ich mich fühle.

SPUREN DES SCHMERZES

Ich konnte dir nichts sagen. Die Worte waren in mir verborgen ...

Du hattest es so eilig zu gehen, daß du mir nicht einmal »Auf Wiedersehen« gesagt hast.

Was soll ich dir wünschen? Was soll ich dir sagen? Mir sind nur ein paar Blumen geblieben, die meinen ewigen Schmerz erhellen.

Ich gehe durch die Straße und sehe die tiefen Spuren, die du für mich hinterlassen hast.

Auf dieser endlosen Straße, und bin des Gedankens müde, dir zu begegnen, der du nicht mehr da bist.

In meinem Herzen ist noch Hoffnung. Ich denke, aber die Gedanken brechen mitten durch, vielleicht weil du fort bist.

Schade, daß an diesem Herbstmorgen das Meer meiner Träume verschwunden ist.

Ich frage mich, warum? Warum?

Jedes Mal erscheint mir dein heiliges Gesicht, das ich nie liebkosen durfte.

Meine Tränen versiegten zusammen mit der Hoffnung, daß du eines Tages zurückkehren wirst.

Du bist fort, ohne dich blicken zu lassen. Nach deiner Abreise habe ich begriffen, daß Vergangenheit und Zukunft sich in einen Traum verwandeln. Deine Abwesenheit hat mein Herz in seinem tiefsten Innern getroffen und mich der Träume und der Liebe beraubt. Glaubst du, die Natur habe uns nur Augen geschenkt, um die Blätter im Sturm zu sehen? Und während ich denke, kommt die Nacht ...

Ich bin an deiner Schulter eingeschlafen, und mein Traum ist noch nicht geschwunden.

September 1998

16. September

Liebe Mimi, heute ist einer der traurigsten Tage meines Lebens! Heute haben Havushi und Naimi geheiratet, und um sechzehn Uhr fünfzehn ist sie mit ihrer Schwiegermutter Fatimia weggefahren. Sie fehlt mir so, ich habe fast vergessen, wie ich diesen Tag hinter mich gebracht habe, und ich bin so traurig, weil ich nicht weiß, wann ich sie wiedersehe. Wenn es Krieg gibt, kann ich sie vielleicht überhaupt nicht mehr sehen, weil sie uns dann nicht mehr besuchen kann. Ich bete zu Gott, daß ich sie so schnell wie möglich wiedersehe!

26. September

Hallo Mimi, auch heute ist ein etwas trauriger Tag, weil meine Tante Nexha sich mit Antonellas Cousin verlobt hat. Er heißt Nazareno. Sie haben sich bei ihm zu Hause verlobt, aber ich weiß nicht, wann sie heiraten werden, hoffentlich so bald wie möglich. Ich möchte sie so gerne alle glücklich und zufrieden sehen. Nur Lida tut mir leid. Die Arme, sie würde auch so gerne heiraten. Ich wünsche ihr von ganzem Herzen, daß ihr das auch gelingt. Ich weiß nicht, ob ich überhaupt heiraten will. Mimi, ich bin noch so jung und habe noch so viel vor, wenn der Krieg vorbei ist. Jedenfalls werde ich dir immer schreiben, Mimi. Tschüs.

Oktober 1998

5. Oktober

Liebe Mimi, es ist etwas Schreckliches geschehen. Vielleicht gibt es wieder Krieg. Letzte Nacht haben wir erfahren, daß ein junger Mann von dreißig Jahren, den ich kenne, umgebracht wurde, als er ein Lokal verließ. Er hatte sich in seinem Auto eingeschlossen, und die Serben haben dreiundachtzig Schüsse auf ihn abgegeben. Man hat dreiundachtzig Kugeln in seiner Leiche gefunden.

Ich kann nicht glauben, daß so etwas geschieht. Was hatte der junge Mann ihnen getan?

Manchmal möchte ich am liebsten die Augen schließen, um nichts mehr zu sehen.

29. Oktober

Liebe Mimi, schau, was Burim mir geschrieben hat. Es ist ein Song von Prodigy:

Peace to my friend Sadbera
Peace to my man, my old heart
My white people
And I hate this fucking life
Sadbera is a great girl
Tung.

November 1998

7. November

Liebe Mimi, endlich ist der Tag da, auf den ich seit Wochen gewartet habe. Nexha ist aus Italien gekommen. Ich freue mich sehr, weil ich sie schon fast zwei Monate nicht mehr gesehen habe. Und doch mußte ich weinen, als ich mit ihr redete, weil sie mir Dinge erzählte, die ich nicht hören wollte und von denen ich hoffe, daß sie nicht wahr sind. Niemand weiß, was hier im Kosovo geschieht, aber wenn niemand uns hilft, werden die Slawen uns weiter alles wegnehmen und uns töten.

Dezember 1998

27. Dezember

Noch drei Tage bis zum Jahresende. Heute ist Havushi weggefahren, Fatimia hat sie abgeholt. Sie wird mir sehr fehlen, ich kann nicht ohne sie leben! Heute fiel in ganz Priština der Strom aus. Ich war zu Hause mit Shpresa und Kiki, weil wir uns einen Film anschauen wollten (*Marisol*). Jetzt bin ich mit Majlinda und Bajram auf meinem Zimmer. Heute nacht muß ich allein schlafen, weil Havushi nicht mehr da ist. Ohne sie ist es nicht mehr so wie früher. Es kommt mir vor, als wäre ein Stück meines Lebens zu Ende.

Tschüs Mimi. *Tung*.

31. Dezember

Frohes neues Jahr, Mimi! Ich habe bei Shpresa mit ein paar Freunden gefeiert. Es war lustig, wir haben gesungen, und ich habe Stars nachgemacht. Um zwölf haben wir angestoßen und bis um drei getanzt. Ich hoffe, das neue Jahr wird besser als das alte, auch wenn wir immer noch Angst vor dem Krieg haben. Aber heute nacht denken wir nicht daran.

Januar 1999

6. Januar

Heute ist Dreikönigstag! Vlora, Yllka und Shpresa waren zum Essen hier, und wir haben es uns gutgehen lassen. Morgen kommt Havushi, um sich zu verabschieden, weil sie nach Qekia fährt. Ich werde sie sehr vermissen. Heute habe ich Shpresa gesagt, daß Mama geweint hat und von hier weg wollte, mein Vater aber dagegen ist. Eine Stunde lang haben sie gestritten. Ich konnte das nicht für mich behalten. Ich weiß nicht, ob ich einen Fehler gemacht habe.

Februar 1999

9. Februar

Liebe Mimi, heute habe ich gehört, daß ein Serbe in einem Geschäft im Zentrum ein silbernes Schmuckstück verkauften wollte. Er verlangte Geld dafür, aber er zeigte nicht vor, was er in der Hand hatte. Schließlich hat der Juwelier gesehen, daß es sich um einen zweiköpfigen Adler handelte, das Wappentier Albaniens. Das hatte er einer albanischen Frau gestohlen. Wer weiß, was er mit ihr gemacht hat. Da fiel mir ein, daß ich einmal im Fernsehen eine Sendung mit der Frau Arkans gesehen hatte, der für die Massaker in Bosnien verantwortlich war. Sie beantwortete Zuschauerfragen. Da rief ein Mann an und machte ihr Komplimente, die Kette, die sie trage, sei sehr schön, auch wenn ein Stück fehlte. Woher er das wisse, fragte sie. Der Mann antwortete, er kenne die Kette gut, weil sie seiner Frau gehört habe, die von Arkans Tigern gefoltert und umgebracht worden war.

März 1999

17. März

Ich bin mit Majlinda und meiner Mutter in meinem Zimmer. Gerade habe ich ein Poster von Leonardo Di Caprio an meine Zimmertür gehängt. Die beiden schlafen jetzt, aber ich kann nicht einschlafen: Die Lage hier ist immer noch gefährlich, wir dürfen nur bis sieben draußen sein, abends müssen wir uns in unsere Wohnungen einschließen. Ich kann nicht einmal zu Shpresa gehen. Hoffentlich normalisiert sich bald alles wieder.

22. März

Es tut mir leid, daß ich so lange nicht geschrieben habe, doch in den letzten Monaten ist es immer gefährlicher geworden. Heute haben sie uns gesagt, daß wir bis zum 31. März keine Schule haben. Soviel Angst wie jetzt hatten wir noch nie. Nach fünf Uhr abends dürfen wir nicht einmal mehr das Haus verlassen. Bis eben war Shpresa bei mir. Dann kam ihre Mutter, um sie abzuholen, weil draußen Schüsse zu hören waren. Wir leben alle in Angst, andauernd schauen wir Nachrichten. Die Slawen erzählen immer noch Lügen. Für sie gibt es hier keinen Krieg gegen uns. Das ist nur die Nato.

Gestern wurden vier serbische Polizisten getötet. Und heute haben sie Tausende von Albanern umgebracht. Jetzt, um neun, hat Kiki mich angerufen. Sie hat mir erzählt, daß sie eine Bombe in die Koha-Bar geworfen haben. Nun mache ich aber Schluß, ich schreibe dir, wenn es etwas Neues gibt.

23. März

Ich wollte mit Shpresa zu ihrer Zahnärztin. Auf der Straße waren nur Polizisten zu sehen. Die Zahnärztin war nicht zu Hause. Sie hat sich irgendwo in Sicherheit gebracht.

In Priština ist es ganz still. Ich hoffe so sehr, daß bald alles gut wird. Aber ich weiß nicht, ob es auf der Welt noch einen besseren Ort gibt, an dem die Leute sich nicht umbringen.

24. März

Fünfzehn Uhr fünfzehn.

Es ist Tag. Ich bin auf meinem Zimmer zusammen mit Kiki, Agimi, Nexha, Majlinda, Besi und Bajram. Wir haben alle miteinander Angst. Wir warten auf ein Eingreifen der Nato. Mein Vater hat alle Fenster geöffnet, falls in der Nähe Bomben fallen. Drüben im Wohnzimmer reden alle über die Lage. Mein Vater meint, alles werde gutgehen, aber meine Mutter ist beunruhigt. Wir hoffen, daß sich alles normalisiert. Auch wenn ich mir an diesem Punkt nicht mehr vorstellen kann, wie es enden wird.

25. März

Wir sind alle im Keller, ich sitze auf dem Fußboden, weil es keinen Platz zum Schlafen gibt. Bei mir sind Shpresa, Kiki, Majlinda, Bessart, meine Mutter und Shpresas Mutter. Die Bombardierungen sind noch nicht vorbei. Es gibt kein Licht. Ich schreibe beim Schein einer Kerze. Heute war es sehr gefährlich, die Bomben kamen immer näher. Hoffentlich ist alles bald vorbei. Jetzt kann ich nicht mehr schreiben, ich muß die Kerze ausblasen. Man darf sie nicht anlassen, weil sie so schnell abbrennt und sie uns sehen können.

26. März

Zwölf Uhr fünfzig.

Hallo Mimi, ich bin in meinem Zimmer. Jetzt scheint es ruhig, aber abends wird es wieder gefährlich. Heute morgen war ich mit Kiki in Sharbans Laden, um etwas für Sahidjas Kinder zu kaufen. Es lag Glas auf dem Boden, die Häuser waren zerschossen, die Fenster kaputt. O Gott, was für eine Angst, wir sind gerannt, ohne stehenzubleiben. Was heute abend geschehen wird, weiß ich nicht. Hoffentlich kommt die serbische Polizei nicht in unsere Häuser und bringt uns um. Jetzt gehe ich schlafen, weil ich nicht weiß, ob ich heute nacht schlafen kann. Viel Glück, Nato!

Vierundzwanzig Uhr.

Hallo Mimi,

ich bin in mein Zimmer hinaufgegangen. Bis jetzt waren wir im Keller. Wir haben keinen Strom. Die anderen sind noch unten. Jetzt bombardieren sie uns schon zum dritten Mal. Ich habe Angst, ich weiß nicht, ob ich runtergehen soll.

Tschüs, ich weiß nicht, ob wir uns morgen sehen werden.

28. März

Gestern konnte ich dir nicht schreiben. Es war zu gefährlich. Kaum waren wir oben und hatten uns schlafen gelegt, mußten wir wieder runter, weil sie uns bombardiert haben. Aber heute bin ich mit Kiki hinausgegangen, um die zerstörten Häuser zu betrachten.

Lieber Gott, bitte hilf uns. Wir sind hier in einer immer größer werdenden Tragödie. Ich kann nicht mehr, ich bin müde. Wie es wohl denen in den Bergen geht? Gestern wurde erzählt, sie hätten Tausende von Menschen massakriert, und genauso viele seien geflohen. Oder sie haben sie vertrieben. Hoffentlich gibt es bald Frieden, und wir können genauso leben wie die anderen jungen Leute auf der Welt.

Heute haben sie auch meine Schule kaputtgeschossen. Als ich die Trümmer gesehen habe, fühlte ich mich schlecht, ganz schlecht. Ich hätte da drin sein können. Ich würde alles dafür geben, wenn ich wieder zur Schule gehen und dem allem ein Ende setzen könnte.

30. März

Zehn Uhr fünfundfünfzig.

Morgens.

Bis jetzt habe ich nicht gewußt, was Krieg ist, und vielleicht hatte ich auch noch keine richtige Angst. Jetzt weiß ich es, vor allem seit den letzten Tagen. Und seit heute morgen, wo wir ständig Schüsse hören. Um uns herum sehen alle zu, daß sie wegkommen. Ich weiß nicht, ob uns das auch gelingt. Wir haben keine Zeit mehr. Das Ende naht. Gestern habe ich mit Antonella und Lida und Hayush telefoniert. Ich habe sie angerufen, weil es hier nur noch eine Frage von Tagen, Stunden oder Minuten ist. Ich fühle, daß das Ende gekommen ist.

Am Tag darauf schlagen serbische Milizen die Tür von Sadberas Wohnung ein und fordern sie und ihre Familie auf, zu gehen. Für sie beginnt eine Flucht, die noch nicht zu Ende ist.

HEYNE BÜCHER

Der Krieg auf dem Balkan ...

... ein Krieg der Religionen?

Woher stammt der Haß, der sich in den Herzen von Serben, Kroaten und Moslems angestaut hat? Mit einer Fülle wichtiger Hintergrundinformationen zeigen Karlheinz Deschner und Milan Petrović die historischen, religiösen und ideologischen Motive für den Krieg im ehemaligen Jugoslawien auf.

HEYNE-TASCHENBÜCHER